Inhalt

Kreativ werden:

Mit Kreativitätstechniken die eigene Kreativität fördern

Johanna Schenck

Kreativ werden

Kennst du das auch? Du möchtest gerne schöpferisch tätig sein, aber dir fehlt einfach der kleine Reiz, der deine Kreativität entfacht? Der eine kleine Funke, der die zündende Idee bringt, um dein Projekt, was du schon so lange vor dir her schiebst, zu entfachen.

Ich möchte dir in diesem Buch zeigen, was deine Kreativität eigentlich ist, wie du sie wieder findest und fördern kannst. Gerade im Job, in der Schule, im Studium oder in der Freizeit ist unsere Kreativität ständig gefragt. Da ist es schlecht, wenn man gerade ein kreatives Tief oder Blockade hat. Kreativität ist dabei nicht nur auf künstlerische Bereiche bezogen, sondern kann auch das Problem von inneren Blockaden sein.

Wir sprechen oft von Kreativität, wenn man ein beeindruckend detailliertes Portrait zaubern kann oder einen fesselnde Science Fiction schreiben kann. Natürlich kannst du Kreativität mit Stift und Papier, Leinwand und Staffelei oder Wolle und Holz ausleben. Doch Kreativität als schöpferischer Prozess kann noch viel mehr sein.

Kreativität kann eine Lebenseinstellung oder Lebensphilosophie sein.

Liest man sich den Wikipedia Eintrag zur Kreativität durch, so heißt es,

„Kreativität ist die Fähigkeit, etwas zu erschaffen, was neu oder originell und dabei nützlich oder brauchbar ist"

Dies bedeutet, entweder wir denken uns für ein bereits gelöstes Problem eine Alternative aus oder wir finden eine Problemlösung für ein bisher noch nicht gelöstes Problem. Dies lässt sich also nicht nur auf Kunst oder ähnliches projizieren, sondern kann auf sämtliche Bereiche im Leben zutreffen. Egal ob im Job oder im Sport, wir sind dann kreativ, wenn wir Dinge tun, die bisher niemand in derselben Situation getan hat.

Ich weiß dies klingt alles ziemlich komplex und verdreht, aber Kreativität ist ein Begriff der sich nur schwer fassen und definieren lässt. Wichtig ist, dass wir uns hin und wieder in unbekannten Situationen wiederfinden sollten und auf Wege begeben müssen, die noch keine Person oder zumindest nicht viele bisher gegangen sind.

Die wissenschaftliche Definition von Kreativität

Als Kreativität bezeichnen wir meist bestimmte Fähigkeiten einer einzelnen Person oder einer Gruppe, welche in einer phantasievollen und gestalterischen Art denken und handeln können. Um die Grundlage für Kreativität zu legen, brauchen wir eine Person, einen Prozess, ein Produkt und eine Umwelt.

Kreativitätsfördernde Eigenschaften einer Person sind beispielsweise Offenheit für Erfahrungswerte, Verantwortungsgefühl und kognitive Fähigkeiten. Als typische Abfolge zeigt sich der Prozess der Kreativität meist in der Erkennung des Problems, in der Vorbereitungsphase, in der alle notwendigen Informationen gesammelt werden, in der Generierung, in der alle möglichen Lösungen gesichtet und entwickelt werden und in der letztlichen Beurteilungsphase, in der die Lösungen analysiert werden.

Die Kreativität und somit die Prozessfindung können durch verschiedene Techniken unterstützt werden. Ein wichtiges Kennzeichnungsmerkmal für ein kreatives Produkt ist, dass es innovativ, neu und angemessen ist, einen Nutzen mit sich bringt oder eine wertvolle Lösung für ein bestehendes Problem darstellt.

Ein gutes Teamklima sowie die örtliche Umgebung und die Unterbindung von Störfaktoren sind für das Team und das Individuum für die kreative Arbeit unumgänglich und gehören somit zu den kreativitätsfördernden Umweltaspekten.

Um die Ecke denken

Meist denken wir sehr geradlinig. Damit sind wir zwar auch lösungsorientiert, jedoch bringt uns das in punkto Kreativität nicht besonders viel. Wenn wir um die Ecke denken, können wir neue Lösungen und Ideen finden und sind damit in unserem kreativen Fluss. Ganz egal wofür du deine Kreativität auch brauchst, ob du zeichnest, schreibst, ein Grafikdesigner bist oder einfach nur ein Geschenk zum Geburtstag basteln möchtest. Du kannst um die Ecke denken und damit neue Wege im Denken erleben.

Meist sind scheinbare Umwege eine Abkürzung, dabei geht es um das divergente Denken. Das bedeutet, dass du dich einem Problem offen, unsystematisch und experimentierfreudig widmest und das divergente Denken das Gegenstück zum konvergenten Denken bildet.

Beim divergenten Denken geht es darum, zu versuchen, Denkblockaden und kritische Einwände sowie negative Störfaktoren von außen auszuschalten, die mit dem konvergenten Denken leider meist einhergehen.

Diese Denkweise ist auch mit dem lateralen Denken sehr eng verwandt. Es bringt dir eine spielerische und offene Denkweise und lässt dich aus der Gerade herauskommen und neue Wege entdecken.

Vereinfacht gesagt bedeutet das, einfach mal beim Denken um die Ecke zu denken. Es ist geprägt von folgenden, sehr charakteristischen Grundzügen:

- Hierbei wird zugelassen, dass alle vorliegenden Informationen subjektiv aufgenommen und bewertet werden, die Verwendung und Verarbeitung aber selektiv geschieht.

- Nicht jedes erlangte Zwischenergebnis muss richtig sein.

- Details werden nur intuitiv und nicht analytisch erfasst.

- Gedankensprünge und Assoziationen sind gerne gesehene Wegbegleiter.

- Entscheidungen, die mit einem klaren Ja oder Nein getroffen werden müssen, werden vermieden.

- Auch Lösungen, die vielleicht nicht durchführbar erscheinen, bringen dich einen Schritt näher zum Verständnis des Problems.

- Du stellst konventionelle Denkmuster in Frage und suchst damit bewusst nach einer schier unwahrscheinlichen Lösung deines Problems.

- Die Rahmenbedingungen und die Ausgangssituation deines Standpunktes sind Variablen und somit veränderbar.

Mit der Technik des divergenten Denkens kannst du neue Ideen finden und sie als wirkungsvolle Denkmethode dafür nutzen, auf kreative Art deine Probleme zu lösen. Auch völlig neue Lösungsstrategien lassen sich dadurch generieren, indem du verschiedene Denk- und Wahrnehmungsperspektiven einnimmst.

Wie schon oben beschrieben, muss es sich hierbei nicht immer zwangsläufig auch um praktisch umsetzbare Lösungen handeln.

Wusstest du, dass einige hoch dotierte Unternehmen sogar einen Test bei Bewerbungsverfahren einsetzen, um die Divergenz ihrer neuen Mitarbeiter zu testen?

In kreativen Berufen gibt es sogar einen Einstellungstest, bei dem man einen Gegenstand bekommt und sich dazu so viele Verwendungsmöglichkeiten wie nur möglich ausdenken soll. Die Punktzahl wird dann nach der Anzahl der genannten Möglichkeiten und der Originalität und Innovation der Ideen errechnet. Auch wenn dieser Teil eine gern genommene Methode zur Einstellung ist, soll hierbei nur überprüft werden, wie gut der Teilnehmer darin ist, möglichst viele Lösungen für ein Problem zu finden. Das soll an dieser Stelle jedoch nicht bedeuten, dass nur divergentes Denken zu originellen Ideen führen kann.

Auch das konvergente Denken kann mit Ansätzen zur Lösung führen. Die individuelle Kreativität als angeborene und in den Genen verankerte Fähigkeit ist nicht trainierbar. Jedoch können wir mit sehr einfachen Methoden trainieren, die markanten Merkmale in uns zu finden und diese hervorzuheben. Wenn sie dann sichtbar sind, können sie individuell gefördert und trainiert werden.

Kreative Menschen zeichnen sich meist durch eine erhöhte Sensitivität gegenüber der Auseinandersetzung mit Problemen aus, sie denken sehr flüssig und sind damit in der Lage, in möglichst geringer Zeit viele Lösungsansätze zu kreieren.

Eine Untersuchung von Onysko in Neuseeland aus dem Jahr 2016 hat herausgebracht, dass mehrsprachig lebende und aufgewachsene Menschen in ihrer Kreativität flexibler sind. Ihre Denkweisen sind windiger und nicht so linear. Die Gedanken sind breiter gestreut und somit gelangen diese Menschen zu mehr Ideen. Ihre Gedanken sind breiter und weiter, sie können abweichen von der Norm, in der sich die meisten anderen Menschen immer fortwährend gedanklich bewegen.

Konkret erfasst wurde in dieser Studie das divergente Denken, das bei mehrsprachigen Menschen durch die Sprachaktivität einfach höher ist und besser im Gehirn gefördert wird. Somit sind sie in der Lage, flexibler zu assoziieren.

Auch der Konsum und Genuss von Musik sollen nach Untersuchungen von Ritter und Ferguson im Jahr 2017 inspirierende Effekte auf unsere Kreativität haben.

Gerade fröhliche und lebhafte Musik im Hintergrund kann Kreativität fördern. Während dieser Untersuchung wurden alle Teilnehmer in fünf gleiche Gruppen aufgeteilt, wobei vier der Gruppen hier einige Tests absolvierten und dabei mit unterschiedlichen Musikstücken und Genres beschallt wurden.

Die Kontrollgruppe löste die gleichen Tests nur ohne Musik. Während der Untersuchung drehten sich die zu lösenden Aufgaben um Bereiche, die sowohl das divergente Denken als auch das kontroverse Denken testeten und forderten. Das Ergebnis der Untersuchung zeigte, dass gerade die Teilnehmer, die mit einer sehr stimmungsaufhellenden und positiven Musik im Hintergrund beschallt wurden, wesentlich mehr Kreativität zeigten als die, die während der zu lösenden Aufgaben gar keine Musik hörten.

Das konvergente Denken ließ sich jedoch nachweislich durch keine Musik beeinflussen oder anregen. Daraus können wir schließen, dass das logische und lineare Denken, um konkrete Aufgaben zu lösen, eher in einer stillen und leisen Atmosphäre besser gelingt.

Kreative Aufgaben und neue Lösungsansätze lassen sich jedoch wunderbar mit einer freundlichen und positiven Hintergrundmusik finden und bearbeiten.

Kennst du vielleicht Situationen, in denen du wahnsinnig müde bist und deine Arbeit abbrichst? Studien haben jetzt herausgefunden, dass das menschliche Gehirn bei leichter Müdigkeit besser in der Lage ist, Probleme, deren Lösung nicht auf den ersten Blick ersichtlich sind, zu lösen. Denn gerade durch die Müdigkeit wird das Gehirn angeregt, sich dem Problem auf Umwegen zu nähern.

Durch die Müdigkeit ist das Gehirn leichter abgelenkt, somit wird das Denken in einen Fluss gebracht und kann so leichter kreative Lösungen finden, als wenn es nur konzentriert und fokussiert auf dem geraden und linearen Weg bleibt.

Somit sind scheinbare Umwege oft eine Abkürzung. Du kannst dein divergentes Denken nutzen, um dich offen, spielerisch und experimentierfreudig mit deinem Thema zu beschäftigen. Geradlinige Vorgehensweisen können meist langweilig sein, sodass du schnell von deinem Thema gelangweilt und desinteressiert bist. Und diese Gefühle sind keine gute Voraussetzung, um effektive Lösungen zu finden.

Du kannst verzweifelt nach einer Lösung suchen. Du kannst dich aber auch dafür entscheiden, frischen Wind in deinen Kopf zu lassen. Lies ein völlig neues Buch mit einem Genre, das dich bis jetzt noch nicht im Leben berührt hat.

Vielleicht schaust du dir auch einen Film an, gehst in eine Ausstellung, ins Museum, ins Theater oder schlenderst durch die Fußgängerzone. Hier kannst du nach Antworten suchen. Vermeide es jedoch diese Tätigkeiten mit einer Ablenkung zu verwechseln. Bei welcher Tätigkeit du auch bist, sei dir immer wieder bewusst, dass du mit der Frage nach deiner gestalterischen und künstlerischen Kreativität offen und wach bleibst. Innerlich bleibst du immer bei deinem Projekt und lässt dich nicht ablenken.

Wenn wir um die Ecke denken, meinen wir ja meist umgangssprachlich, dass wir komplizierter denken, als überhaupt nötig. Auch, dass wir mit dem Denken in die Tiefe gehen und ungewöhnliche und kreative Gedanken zu einem Thema haben, oder auch Abweichungen und Umwege gedanklich berücksichtigen.

Einige Menschen, die ich zu diesem Thema befragt habe, können am besten um die Ecke denken, wenn sie versuchen, ihre Ideen greifbar zu machen und somit gleich handeln. Um zu handeln, nutzen sie das Schreiben, Spiele, Zeichnungen, Collagen oder Recherchearbeiten. Denn wenn du beginnst zu handeln, hat dein handlungsorientierter Teil die Möglichkeit, mit dem Denken zusammen zu wirken. Wenn nur das Gehirn beteiligt ist, laufen die Prozesse meist geradlinig und auch lösungsorientiert, aber nicht unter Einbezug der Kreativität ab.

Zum Beispiel kannst du gut Collagen zu einem bestimmten Thema, welches du gerade bearbeitest, machen. Schaue dir verschiedene Zeitschriften, Zeitungen und Magazine an und schneide dann die Bilder und Fotos heraus, die du am ehesten mit deinem Projekt assoziierst. Klebe diese Bilder als Collage entweder auf einem großen Plakat zusammen oder lege dir ein Ideenbuch als eine Art Notizbuch an, um damit deine Kreativität zu fördern.

Von Zeit zu Zeit kannst du die Gelegenheit nutzen und deine Collage anschauen. Nimm dir bewusst die Zeit und betrachte alle auftauchenden Gedanken.

Du kannst diese weiterverfolgen und dich von deinen Gedanken treiben lassen. Auch das ist ein sehr effektiver Prozess der kreativen Arbeit. Du kannst die Bilder dann weiter mit deinen Gedanken ergänzen und dir immer wieder Notizen in deine Collage oder auch auf ein extra Blatt machen.

Lasse deine Gedanken einfach fließen und notiere einfach alles in verschiedenen Farben, so wie es dir in den Sinn kommt. Lasse das Gesammelte tief in dein Unterbewusstsein eintauchen. Suche Assoziationen, Begrifflichkeiten, beobachte dich dabei, zensiere dich nicht und nimm Abstand von jeglicher Regel oder Einschränkung. Das macht dich frei und lässt auch automatisch deine Gedanken frei werden. Nimm dir ganz bewusst die Zeit und den Raum, die du dafür brauchst.

Das Interesse gerade an Dingen, an denen du bis zu diesem Zeitpunkt noch gar kein Interesse hattest, können deine Kreativität fördern.

Denn durch die Auseinandersetzung mit verschiedenen anderen Themen kannst du es schaffen, für alle Bereiche in deinem Leben eine Lösung zu finden. Denn nur, wenn wir

Wissen haben, können wir es auch schaffen, Parallelen und Verknüpfungen zwischen Bereichen herzustellen.

Vielleicht hast du dich bis jetzt eher mit technischen Dingen beschäftigt und dafür das Heimische und Hauswirtschaftliche gemieden. Wie ist es, wenn du von deiner Themenwelt abweichst und dich nun um neue Rezepte und Genüsse kümmerst. Lasse das Ambiente der Küche auf dich wirken.

Früher oder später wirst du feststellen, dass es auch hier einiges an technischer Raffinesse zu entdecken und auszuprobieren gibt. Die verschiedenen Geräte, die in der Küche unterstützend sind, um einige Handgriffe zu erleichtern. Nebenbei verknüpfst du Altes und Bekanntes mit Neuem und erweiterst so, ganz automatisch, deinen Horizont. Gib der Sache nun die Möglichkeit, dass du hier eigene Ideen findest und dich ausprobierst.

Du kannst sicherlich auch einiges Interessantes in diesem Bereich entdecken. Lasse dich erfrischen von neuen Ideen und deine Arbeit wird automatisch besser und innovativer werden. Denn alles, was dich umgibt, fließt auch automatisch in deine Gestaltung ein.

Wenn zwei gänzlich unterschiedliche Pole aufeinander treffen, gibt es wunderbare Berührungspunkte, die interessante Anregungen und Ansätze mitbringen und viel Potential haben. Denn Ideen kannst du überall finden.

Daher ist es wichtig, dass du deinen Horizont lenkst. Von Natur aus sind wir es gewöhnt, uns mit Dingen zu beschäftigen, die uns interessieren und die wir schön finden. Doch wenn du auch Ideen um die Ecke herum suchst, wirst du entdecken, dass du dich auch mit Dingen beschäftigst, für die du vielleicht im ersten Moment nicht so das Interesse hattest. Das ist wichtig, denn nur so kann es dein Gehirn schaffen, neue Synapsen-Verbindungen aufzubauen und anders zu denken.

Entspannung fördert die Kreativität

Viele Meditationsformen beschäftigen sich mit der inneren Einkehr und dem „think about it“. Das bedeutet, seine Gedanken zu einem bestimmten Thema elnfach nur zu beobachten und den Geist frei wandern zu lassen. Wer meditiert, kann es schaffen, sich dabei selbst zu beobachten, wie er neue kreative Wege findet und die Ideen einfach nur aus einem heraussprudeln.

Begib dich dafür bewusst in eine meditative Haltung. Du kannst dich dafür hinsetzen oder auch -legen, ganz egal, Hauptsache bequem. Wenn du nun eine gute und bequeme Haltung gefunden hast, konzentriere dich auf deine Atmung. Lasse deinen Atem ganz bewusst und gleichmäßig fließen. Einfach nur kommen und gehen lassen. Beobachte, was in deinem Körper geschieht, ohne es verändern zu wollen.

Alles ist gut, so wie es ist. Und wenn deine Atmung nun ruhig und gleichmäßig fließt, kannst du dich der Beobachtung der Gedanken hingeben. Du kannst spüren, wie Gedanken aufkommen und wieder gehen. Einige Gedanken vergehen schnell wie Wolken am Himmel.

Andere Gedanken verweilen länger in deinem Bewusstsein, vielleicht kommen auch neue Gedanken und Gefühle hinzu. Schule dich dahingehend, dass du ein achtsamer Beobachter deiner Gedanken wirst. Du schaust, was kommt, was bleibt, was sich wie anfühlt und was dann auch wieder geht. Es ist ganz wichtig, dass du die Rolle des Beobachters nicht verlässt. Stell dir vor, du würdest neben dir stehen und völlig wertfrei beobachten und zusehen, was gerade passiert.

Ohne einzugreifen oder verändern zu wollen. Das ist die Kunst der Meditation. Solltest du spüren, dass dich deine Gedanken unruhig machen oder sehr starke negative Gefühle aufkommen, kannst du mit deiner Aufmerksamkeit auch immer wieder zu deiner Atmung zurückkommen. Der Atemanker ist neutralisierend und bietet dir eine gute Möglichkeit, abzuschalten.

Eine Grundvoraussetzung, damit Kreativität gelingen kann, ist eine möglichst große Entspannung und kein Stress im Kopf. So bist du geistig klar, aber in völliger Ruhe. In der Wissenschaft wird dieser Zustand als Alphazustand bezeichnet, da die Hirnströme in diesem Zustand den Schwingungsgrad der Alphakurve darstellen.

Pausen sind dabei besonders gut, um deiner Kreativität auf die Sprünge zu helfen. Pausen als Entspannungsmethoden meinen, dass du einfach mal versuchst, ein paar Tage auszuspannen, ohne Elektronik, Laptop, Tablet oder Handy. Einfach nur ausspannen, die Seele baumeln lassen, dabei den Kopf und den Körper entspannen und Ideen kommen lassen. Für viele Menschen ist es tatsächlich schon eine Entspannung, wenn die ständige Erreichbarkeit einfach mal weg ist und sie Zeit für sich haben.

Dann kann es sein, dass du mit deiner Aufmerksamkeit bei dir und im Hier und Jetzt bist und nicht abgelenkt wirst von ständiger Medienpräsenz. Spüre dabei, wie gut es dir tun kann, einfach nur mal in Stille ein wenig Zeit zu verbringen, ohne abgelenkt zu werden. Du kannst Energie tanken und diese dann in eine für dich nutzbare Energie umwandeln.

Dabei hat sich jeder schon einmal in diesem Zustand der anhaltenden Alphawellen befunden. Das muss auch nicht immer bewusst sein.

Dieser Zustand beschreibt die Befindlichkeit, die du kurz vor dem Einschlafen hast. Oder, wenn ein Geistesblitz einfach so, schier aus dem Nichts kommt.

Sicher hattest du dieses Gefühl auch schon mal entweder beim Zähneputzen oder auf der Toilette.

Wichtig ist dabei zu wissen, dass diese Eingebungen nur dann kommen, wenn du nicht in Eile bist oder bewusst über etwas nachdenkst. Dieser Zustand der Alphawellen ist gekennzeichnet durch eine geringe Gedankenaktivität. Er weist eine mentale Ruhe und eine körperliche Entspannung auf. Diese kannst du auch bekommen, wenn du in einer Meditation bist.

Deine Wahrnehmung ist sehr fein und sensitiv, die Wahrnehmung deiner Sinne ist besonders aufnahmefähig. Während dieses Vorgangs ist es dir möglich, in einen intensiven Kontakt mit deinem Unterbewusstsein zu kommen, Kraft und Energie zu tanken. Oft entwirrt sich auch in dieser Phase der Gedankenknoten, in der man sich fortwährend befunden hat, während man über ein unlösbares Problem grübelte.

Gerade selbstständig arbeitende Menschen sind immer wieder dazu aufgefordert, Probleme zu lösen und Ideen und Entscheidungen zu entwickeln.

Wenn du dann mit angestrengtem Nachdenken versuchst weiterzukommen, wird dieses meist nicht Früchte tragend sein. Sich intensiv mit dem Thema auseinanderzusetzen ist die grundlegende Voraussetzung, um eine abschließende Lösung zu generieren.

Meist führt dies aber nicht zu dem gewünschten Ergebnis. Denn der Geistesblitz, die Erleuchtung, was den letzten Schritt deiner Findung ausmacht, kannst du nicht erzwingen. Der Aha-Effekt kommt meist ganz von allein, vornehmlich während einer völligen körperlichen und mentalen Entspannung.

Um in den Alphazustand zu kommen, solltest du verhindern, dass sich deine Gedanken immer wieder im Kreis drehen. Stattdessen könntest du es mit einer aktiven und bewussten Entspannung versuchen. Eine sehr gute Möglichkeit, mit Körper und Geist in den Alphazustand zu kommen, ist die oben aufgeführte Meditation.

Aber auch Entspannungsübungen wie zum Beispiel Autogenes Training und Progressive Muskelentspannung, Yoga, Tagträume und naturnahe Bewegung mit allen Sinnen können dich in den Genuss der Wahrnehmung von Alphawellen kommen lassen.

Hierbei bist du gefragt, herauszufinden, welche Methode für dich am besten geeignet ist. Am besten du probierst einiges aus und schaust, was dich am meisten anspricht.

Einige Übungen kannst du immer wieder schnell zwischendurch machen, andere Übungen bedürfen ein wenig Übung und Kontinuität, bis sie dich in den gewünschten Zielzustand bringen.

Eine andere Art, Kreativität und Entspannung gleichermaßen miteinander zu vereinen, ist das Malen. Denn gerade im angespannten und stressigen Alltag haben wir eine grundlegende Gereiztheit, die zu einer mangelnden Konzentration und dazu auch zu einem kreativen Defizit führt. Auch ein gewisses Maß an Anpassung ist schlecht für die Kreativität. Es nimmt ihr die Freiräume und nimmt das frische Denken.

Dabei gibt es so viele Möglichkeiten, um von den Hoch-und Tiefpunkten des Alltags wegzukommen. Natürlich muss dabei auch beachtet werden, dass die Vorlieben und Bedürfnisse von den Arten der Entspannung von Person zu Person variieren.

Hier möchte ich dir eine kreative Entspannungsmethode zeigen, denn Kreativität fördert Entspannung und Entspannung ist die Grundvoraussetzung für Kreativität. Somit schließt sich der Kreis.

Die erste kreative Idee ist es, Bilder auszumalen. Dabei geht es nicht um die Ausmalbildchen, die wir alle noch aus der Schule kennen. Es geht mehr darum, dem neuen Trend, Meditieren mit Buntstiften, Folge zu leisten und uns damit wieder ein Stückchen weit in unsere Kindheit zurückversetzen, wo wir unbeschwert mit bunten Farben tolle Bilder ausgemalt haben. Bitte verwechsle dieses nicht mit dem Malen nach Zahlen, was in den Neunzigern sehr beliebt war.

Dieses Malen beinhaltet meist sehr aufwendig gestaltete Mantras, Pflanzenwelten, Landschaften, die explizit dafür gedacht sind, mit Farben gefüllt zu werden. Wissenschaftliche Belege gibt es einige, dass das Ausmalen eine positive Wirkung auf Körper und Seele hat. Auch Entspannung bringt diese meditative und kreative Art mit sich.

Denn gerade beim Ausmalen lässt man seinen Gedanken einfach freien Lauf und konzentriert sich auf das Bild, ohne ein Ergebnis heraus bringen zu müssen. Der Stift und die Farben dürfen einfach im Fluss sein.

Aber nicht nur das Ausmalen von Bildern ist sehr förderlich. Auch das Zeichnen und Gestalten von Buchstaben kann ein eigenes Kunstwerk werden, wobei das Einstimmen auf die Entspannung im Vordergrund steht.

Mit der Gestaltung von Buchstaben schaffst du eine einzigartige Atmosphäre zur Entstehung von Texten. Dabei kann auch das Zeichnen selbst zur Entspannung beitragen und dir helfen, deine eigenen Gefühle und Gedanken auszudrücken.

Einige symbolische Deutungen besagen, dass geschwungene und voluminöse Buchstaben Freude und Gastlichkeit ausdrücken. Kleine und akkurate Buchstaben deuten darauf hin, dass ein sehr großes Bedürfnis nach Ordnung und persönlicher Struktur als Grundstimmung vorherrschend ist. Das Alphabet bildet hier also nicht die Grenze.

Es bietet sehr viel Gestaltungsfreiheit, mit Buchstaben kreativ zu werden und etwas zum Ausdruck zu bringen.

Diese Übung ist auch wunderbar geeignet, um das Handgelenk zu lockern. Denn für diese Übungen brauchst du keine schöne Handschrift. Mache dich frei von jeglichen Gedanken und lege einfach los. Lasse deiner Kreativität den Fluss und schaue, was passiert.

Das Zeichnen eines Alltagsgegenstand kann ebenfalls die Kreativität fördern und genauso Spaß und Entspannung bringen wie die zuvor genannten Methoden.

Jeder Gegenstand, der Platz auf deinem Blatt Papier finden kann, ist hierfür wunderbar geeignet. Werde damit kreativ! Setze den Gegenstand auf dein Papier und kreieren dein Bild darum.

Hast du zum Beispiel eine kleine Schachtel oder eine kleine Dose? Dann lasse sie wie eine Kanone explodieren und Konfetti aus ihr herausschießen. Vielleicht hast du auch einfach einen Stift auf dein Blatt Papier gelegt?

Dann nutze ihn als Gate Port und lasse einen kleinen Pinguin auf ihm die Welt erkunden. Deiner Kreativität sind hierbei keine Grenzen gesetzt. Erwecke ganz gewöhnliche

Alltagsgegenstände zum Leben und verleihe ihnen eine besondere Aufgabe.

Wie die Farbe Blau deine Kreativität fördert

Alle Farben sind dafür bekannt, Gehirnprozesse beeinflussen zu können. Dabei ist Blau zur Kreativitätsförderung bei Menschen sehr bekannt, während Rot eher die Aufmerksamkeit für das Detail schärft. Noch bis vor Kurzem waren die wissenschaftlichen Untersuchungen auf die Wirkung von Farben bei mentalen Aufgaben eher widersprüchlich. Die neuen Ergebnisse sind nun aber gesichert und können von Werbeleuten und Herstellern mit der Farbpsychologie genutzt werden. Denn gerade für die Kundenbindung, das Design von neuen Produkten und bis hin zur Gestaltung von Räumlichkeiten können wir einiges mit der Nutzung von Farben generieren.

Insgesamt gab es in dieser Untersuchung sechs Experimente, in denen den Testpersonen verschiedene Aufgaben auf Computerbildschirmen gegeben wurden. Der Bildschirmhintergrund war dabei immer anders farblich gestaltet. Eine Teilnehmergruppe hatte ihren Hintergrund in Blau, eine in Rot und eine andere in einem neutralen Weiß. Gerade bei Detailaufgaben und Korrekturarbeiten schnitten die Teilnehmer am besten ab, deren Bildschirm in rot gefärbt war. Bei Kreativarbeiten und Aufgaben mit Schwerpunkt Schlagfertigkeit schnitten die blauen Probanden am besten ab.

Das zeigt, dass Farben eine enorme Auswirkung auf unsere Leistungsfähigkeit haben, gerade was auch die Lösung von mentalen Aufgabe anbelangt. Die studienleitende Psychologin hat dazu die Erklärung, dass die Farbe Rot eher provoziert und als gelernte Signalfarbe von Warnschildern, Blut oder als Fehlermarker eine erhöhte Aufmerksamkeit erfordert. Anders sieht es mit der Farbe Blau aus. Die Assoziation der Menschen hierbei ist eher mit dem Blau des Himmels oder des Wassers verknüpft und generiert eine Erfahrung mit Ruhe, Frieden und Offenheit sowie Weite. Das lässt die Menschen entspannen und automatisch kreativ werden.

Das ist gerade bei der Raumgestaltung zu beachten. Je nachdem, wie man sein Wohn- und Lebensumfeld gestaltet, so hat es auch eine Auswirkung auf die Leistungs- und Arbeitsbereitschaft der Menschen. In kreativen Bereichen, wo scharfsinnig und einfallsreich gearbeitet werden muss, eignet sich die Raum- und Interieurgestaltung mit blauen Tönen. Wenn es aber darum geht, dass man von Menschen eine hohe Aufmerksamkeit fordert und verlangt, dann sollten rote Farbtöne gewählt werden. Das fordert das prozesshafte und lösungsorientierte Denken und erhöht die Aufmerksamkeitsbereitschaft. Gerade in Räumlichkeiten, wo ein hohes Maß an Aufmerksamkeit erforderlich ist, wie in der Lohnbuchhaltung oder in der Zusammensetzung chemischer Stoffe, kann das sehr hilfreich sein.

Musik nutzen, um kreativer zu werden

Musik eignet sich sehr gut, um das Denken, das Arbeiten oder auch das Lernen zu fördern. Es ist hierbei nur wichtig, dass es die richtige Musik ist, die du dafür verwendest. Denn es gibt auch einige Musikrichtungen, die dabei hinderlich sein können und deinen Erfolg in Gefahr bringen. Zu den gefährdenden Musikstilen gehört alles das, was zu schnell ist und zu viel Text hat. Das kann zu aufregend sein, stressen oder ablenken.

Aber Musik ist für die Konzentration kein Allheilmittel, jedoch kann sie die Konzentration sehr fördern. Dafür sollte die Musik das richtige Tempo und die richtige Passion tragen, nicht zu schnell und nicht zu langsam sein.

Klassische Musik ist dafür bekannt, die Konzentration und auch die Kreativität zu verbessern, und das nicht nur kurzfristig und während des Hörens, sondern auch langfristig. Dieses tolle Konstrukt ist unter dem Namen Mozart-Effekt bekannt, wobei nicht nur klassische Stücke von Wolfgang Amadeus Mozart verwendet werden, sondern alle klassischen Musikstücke.

Vornehmlich wird der Effekt von Musikstücken in der Tonart Dur und in einem fröhlich klingenden Tonbild verstärkt. Woher diese Wirkung kommt, ist leider noch nicht gänzlich in einschlägigen Forschungen bewiesen.

Klar ist jedoch, dass sowohl Musik als auch die Lösung von räumlichen und zeitlichen Aufgaben den Kortex aktiviert, eine Hirnregion, die rumpfabwärts gelegen ist.

Im Operationssaal findet die klassische Musik ebenfalls Anwendung als beruhigendes Stilmittel. Das Unterbewusstsein bleibt nämlich auch während der Narkose aktiv und bekommt weiterhin alles mit.

Und da kann der Genuss von sanfter und beruhigender, klassischer Musik greifen und den Operationsverlauf günstig beeinflussen.

Während wiederum starke und energiereiche Musik wie Heavy Metal oder Techno Musik bei Patienten während der Operation zu Stress und Anspannung führen können und somit lebensgefährliche Arrhythmien verursachen können.

Deswegen greifen viele Chirurgen und Operateure zu klassischer und sanfter Musik im Operationssaal, auch aus dem Grund, dass sie dadurch selbst positiv während des Ablaufes beeinflusst werden.

Eine Studie in Österreich kam zu dem Ergebnis, dass Popmusik die Merkleistung der Zuhörer erhöhen kann.

Der Studienführer Marcid Suder sagt, dass es empfehlenswert ist, die Musik im Hintergrund zu Wiederholungsarbeiten und Kreativaufgaben laufen zu lassen.

Somit lassen sich Prozesse wie Vokabellernen oder Wiederholen von Unterrichtsmaterialien gut beeinflussen. Das gleiche Ergebnis brachte auch eine Studie an einer Schweizer Grundschulklasse hervor. Somit ist doch bewiesen, wie wunderbar Musik uns in unserer Emotionalität und in unserer Denkweise beeinflussen kann.

Die wissenschaftlichen Vorteile lassen sich nicht leugnen und wegdiskutieren. Wobei man über Musik am Arbeitsplatz schon diskutieren kann, denn nicht jeder hat den gleichen Geschmack und nicht an jeder Arbeitsstätte wird der Genuss von klassischer Musik geduldet.

In einer Studie des Max-Planck-Institutes in Leipzig wurde ebenfalls die steigernde Wirkung auf die Produktivität durch leise Hintergrundmusik festgestellt, da die Arbeit mit einem guten Song im Ohr meist schneller und leichter von der Hand geht.

Dieser Studie zufolge arbeiten diejenigen, die ihre Lieblingsmusik im Ohr haben, härter und effektiver und verbrauchen dabei weniger Energie.

Das Ergebnis: Besseres Resultat bei höherer Produktivität. Damit bestätigt diese Studie auch ältere Studien, die zu einem ähnlichen Ergebnis kamen.

Oft geht es gerade im Job hoch her, der Chef gibt einen immer mehr Aufgaben, die Aufgabenstapel im Postfach oder auf den Schreibtisch werden immer höher und länger. Dadurch nimmt logischerweise der zeitliche Druck immer mehr zu und man weiß selbst nichtmehr wo einem der Kopf steht. An dieser Stelle kann dann ganz einfach auch Hintergrundmusik eingesetzt werden, um das Stressempfinden zu reduzieren.

Das zeigt eine Studie des Massachusetts General Hospital, bei der nachgewiesen wurde, dass während des Genusses von Musik weniger Stresshormone wie Adrenalin und Cortisol ausgeschüttet werden. Der Blutdruck und die Herzfrequenz sinken, die Atmung verlangsamt sich und wird regelmäßiger, das Stress- und Angstempfinden minimiert sich.

Jeder ist somit auch in der Lage, sich in stressigen Situationen selbst regulieren zu können, allein mit der richtigen Auswahl der Musik.

Und wer entspannter ist, kommt eher in den Bereich von Alphawellen und steigert somit wieder seine Kreativität.

Kreativitätskiller erkennen und ausschalten

Du würdest gerne wunderbare kreative Arbeiten leisten, aber weit und breit kommt dir einfach keine zündende Idee? In deinem Kopf herrscht einfach nur Leere, kein zündender Funke, kein leuchtendes Feuerwerk?

Vielleicht gibt es jetzt gerade, zu diesem Zeitpunkt, einige Dinge, die deine Kreativität unterbrechen, sie einfach an ihrem Fluss hindern. Genau darum soll es jetzt gehen. Es gibt immer wieder innere und äußere Faktoren, die die eigene Entstehung der Kreativität killen. Vielleicht liegt es daran, dass deine sonst so übersprudelnde Quelle gerade nur noch ein wenig plätschert oder du gerade von deinem nächsten Projekt nur noch eine vage Vorstellung hast und dir die passenden Details zur Vervollständigung fehlen.

Killer, die sich an deine Kreativität heranmachen und sie dann völlig eliminieren, gibt es leider viele.

Der erste Killer ist Schlafmangel. Schlafmangel ist leider etwas sehr Elementares, was sich auf den ganzen Körper auswirkt. Das Gehirn reagiert auf Müdigkeit genauso wie auf Alkohol oder Drogen. Das Frontalhirn wird gehemmt.

Dieser Teil unseres Gehirns ist für die Gedächtnisverarbeitung, die Planung, das Bewerten und das Verknüpfen von emotionalen Zusammenhängen verantwortlich. Ist dieser Teil blockiert, treibt der Rest des Gehirns sein Unwesen.

Inhalte werden miteinander verknüpft, die gar nicht zusammenpassen, und das analytische Denken fällt völlig aus. Das kann durch den analytischen Ausfall zu kreativen Ideen führen, aber auch, in den meisten Fällen, einfach nur dazu, dass gar nichts mehr funktioniert.

Denn nur wer genügend Schlaf bekommt, ist leistungsfähig, kreativ und konzentriert. Was du vielleicht noch gar nicht wusstest, ist, dass selbst im Schlaf dein Gehirn immer noch wach ist und weiter nach Lösungen sucht. Hier werden die Fragen beantwortet, die dir während des Tages gekommen sind.

Daher kommt auch das Sprichwort „Da muss ich erst einmal eine Nacht drüber schlafen“. Durch die nächtliche Verarbeitung siehst du die Probleme des vergangenen Tages mit ganz anderen Augen, weil dein Gehirn in der Nacht schon für dich vorgearbeitet hat.

Ich kann aus eigener Erfahrung berichten, dass ich mit Schlafmangel zwar fähig bin, die allgemeinen Tagesaufgaben zu erledigen, aber kreativen Input vollbringe ich an solchen Tagen sicher nicht auf Hochleistungen.

Manche Menschen sind auch einfach nachtaktiv und können in der Stille der Nacht am besten kreativ und produktiv werden. Es gibt auch einige Menschen, die früh schlafen gehen, weil sie müde sind. Dann werden sie in der Nacht so gegen 2 oder 3 Uhr wach und sind produktiver als am Tag. Es zeigt sich hier, dass das richtige Maß und das Timing ausschlaggebend und individuell sind.

Auch das Empfinden und die Anwesenheit von Angst können deine Kreativität killen. Wir die Angst zwar als Antreiber bei Zeitdruck, denn sie stellt alle lebenswichtigen Bedingungen bereit, um aktiv zu werden und Leistung zu erbringen.

Wenn die Angst aber übermächtig ist, wie beispielsweise bei einer Angst- und Panikerkrankung, können der Ideenfluss und die Kreativität gehemmt werden. Zu Kreativität gehört leider auch eine ordentliche Portion Mut dazu.

Gerade Fragen, die die eigene Kreativität anzweifeln und das Können wieder in den Schatten stellen, sind nicht förderlich für den Fluss und die Entstehung von Innovation. Kann ich das so machen? Ist dieser Entwurf so gut? Gefällt die Arbeit auch dem Kunden?

Es gibt so unendlich viele Fragen, die das Selbstbewusstsein schrumpfen lassen und immer mehr Angst zulassen. Das ist einschränkend, dabei möchte sich die Kreativität doch frei entfalten.

Natürlich ist es immer wieder eine Streitfrage, wie weit ein Design oder die Kunst gehen dürfen, aber durch die negativen Befragungen schränkst du dein Potenzial stark ein. Mache dich frei von sozialen und gesellschaftlichen Zwängen.

Vielleicht kennst du es auch, dass du Angst davor hast, deine Ideen mitzuteilen, weil andere sie kritisieren und schlechtmachen könnten.

Doch dabei gleiten dir sicher einige glorreiche Geistesblitze durch die Hände, die du dir einfach achtlos entgehen lässt. Wichtig ist, dass du deine Angst nicht gewinnen lässt und so Ideen keine Zensur erteilst.

Du kannst jede Idee auf dem Weg der Gestaltung immer noch verändern und weiterentwickeln, denn jeder hat die Gestaltungsfreiheit und auch die Möglichkeit zu Nachbesserungen, wenn jemandem dein erster Entwurf nicht gefallen sollte.

Erlaube dir, aus der Reihe zu fallen und die Norm zu verlassen, nur dann bist du effektiv und kannst mit deiner Kreativität neue Ideen entwickeln.

Zeitdruck ist ebenfalls ein Killer deiner kreativen Effektivität. Denn wer kann schon unter Zeitdruck Ideen ausbrüten? Unter Zeitdruck entwickelt unser Körper Stress und damit werden auch Stresshormone wie Adrenalin und Cortisol ausgeschüttet.

Unter dieser Anspannung kannst du nicht kreativ sein, denn nicht jede Not macht gleich erfinderisch. Unter Zeitdruck hast du keine kreative Ader, die fließen kann. Für deine Arbeit brauchst du nämlich sicherlich auch einige Möglichkeiten, das Problem von verschiedenen Ansätzen her anzugehen, und diese Ansätze nimmst du dir, wenn du eine Lösung unter Zeitdruck suchst.

Manche Menschen brauchen aber diesen gewissen Druck, damit sie überhaupt aus ihrer Komfortzone herauskommen und mit der Arbeit beginnen. Unter leichtem Druck arbeiten sie besser und konzentrierter, schweifen nicht so oft ab oder lassen sich gar ablenken.

Deine höchste Priorität ist dann das Projekt, deine Gedanken kreisen entspannt, aber dennoch konzentriert, und dein Gehirn hat die Möglichkeit, nach den richtigen gestalterischen Lösungen zu suchen.

Zu wenig Input von außen kann dafür sorgen, dass du nicht die unendlich vielen kreativen Impulse nutzen kannst.

Denn, obwohl wir eine unendliche Quelle kreativer Wege sind, brauchen wir dennoch Neues und einige Impulse von außen. Wenn du dich immer nur der gleichen und eintönigen Weise deinem Leben und deinen Aufgaben widmest, bietest du deinem Gehirn keinen neuen Input und nimmst ihm somit auch die Chance, neue Wege zu ergründen und Ideen zu entwickeln.

Das bedeutet im Umkehrschluss natürlich nicht, dass du gleich dein ganzes Weltbild verändern musst, damit du ein bisschen neuen Input bekommst. Aber kleine Veränderungen im Alltag erreichen oft schon mal aus, um auf neue Wege zu kommen. Das kann für dich bedeuten, dass du dir eine neue Doku über ein dir bis jetzt noch unbekanntes Thema ansiehst oder in ein Museum gehst.

Du kannst auch einfach mal das Rad zur Arbeit nehmen oder statt mit der rechten Hand mit der linken deine Zähne putzen. Schon ganz kleine Dinge können für den nötigen Input von außen sorgen, denn so verknüpfen sich deine Synapsen anderweitig wieder im Gehirn.

Du kannst dich aber auch einfach einem deiner Hobbys widmen und bekommst vielleicht dabei den Geistesblitz für deine kreative Arbeit während einer ungewohnten Tätigkeit. Woody Allen geht für ihr kreatives Pensum unter die Dusche.

Wichtig ist einfach nur, dass du deinem Gehirn eine Abwechslung anbietest und neue Eindrücke eingibst, damit dein Gehirn sich aus den verschiedenen Themengebieten bedienen kann und somit Verknüpfungen aufbaut.

Die ständige Erreichbarkeit durch das Smartphone, das Tablet oder den PC sind für deine Kreativität nicht förderlich. Es sind Störfaktoren, die dich immer wieder ablenken, wenn sie sich bemerkbar machen. Gut nutzbar sind sie zwar für jegliche Art von Recherchearbeiten, aber du solltest auf jeden Fall darauf achten, dass du dich während deiner kreativen Flow-Phase völlig frei machst von jeglichen technischen Mitteln. Schalte dein Handy oder Smartphone dazu am besten einfach aus oder in den Flugmodus.

So wirst du auf jeden Fall nicht gestört und kannst auch nicht abgelenkt werden, wenn du doch mal zwischendurch einen Blick riskierst, um deine Mails oder Nachrichten zu checken. Beobachte dich einfach mal, wie schnell du doch bei Langerweile zum Handy greifst.

Laut einer Statistik von Apple wird ein iPhone knapp 80-mal im Durchschnitt pro Tag entsperrt. Ohne das Smartphone ist das Leben kaum noch möglich, als ständiger Begleiter mit der Einkaufsliste wüssten wir sonst nicht mal, was wir vom Einkauf mitbringen müssten. Am Morgen ist es das Erste und am Abend ist es das Letzte, das unsere Aufmerksamkeit geschenkt bekommt.

Wir sind leider schon so weit gekommen, dass dieses kleine Gerät so einen hohen Stellenwert einnimmt. Und leider nimmt dir diese Aufmerksamkeit, die du dem Handy schenkst, auch jeglichen kreativen Fluss. Hast du schon mal ganz bewusst eine Handy-Diät gemacht, um deine Kreativität wieder aufleben zu lassen? Eine Woche einfach mal auf das kleine Ding komplett verzichten.

Du merkst, wie viel Zeit du plötzlich hast, die du für andere Dinge nutzen kannst. Denn jeder Mensch hat durch die Verschlankung der Smartphone-Nutzung knapp 3 Stunden mehr Zeit! Ist das nicht enorm viel? Drei Stunden mehr deiner Zeit, die du effektiv für andere Dinge nutzen kannst?

Ein wunderbares zeitliches Potenzial, um deiner kreativen Ader wieder auf die Sprünge zu helfen. Deine Konzentration wird ebenfalls deutlich besser werden, denn du hast keine Ablenkung mehr.

Eine Abhängigkeit davon hat sich leider bei uns schon sehr ausgebreitet, denn die ständige Angst, es könnte etwas Neues geben, das wir jetzt verpassen, macht uns wahnsinnig und somit werden ständig die sozialen Medien gecheckt. Ist dir eigentlich schon mal aufgefallen, dass bei Instagram, Facebook und Co. immer nur die Sonnenstunden und die Schokoladenseiten gezeigt werden?

Aber niemand zeigt die wirkliche Wahrheit, das ungeschminkte Gesicht kurz nach dem Aufstehen.

Das verzerrt unser Bild von der Realität und diese einseitige Ansicht nimmt uns die Möglichkeit, im Gehirn bestimmte Verknüpfungen zu erstellen.

Denn wenn du deinem Gedächtnis immer nur vorgaukelst, dass es die perfekte Welt gibt, wird dein Ansporn immer größer, auch nur noch perfekt und makellos zu sein.

Jedoch ist das nicht die Realität! Und die Realität ist es, die dich wieder zu deiner Kreativität bringt, die verschiedenen Seiten des Lebens und der Existenz betrachten zu können und nicht ein grelles und überschminktes Gesicht einer Scheinwelt. Wenn du in der Phase eins der Handy-Diät angekommen bist, wirst du spüren, wie sich ganz langsam die Langeweile in dir ausbreitet. Ein wunderbares Gefühl! Nutze die Zeit und mache etwas für dich, für deine kreative Art!

Mit Kreativität Produkte erschaffen, die in Erinnerung bleiben

Es gibt verschiedene Wege, auf die du ein neues und innovatives Produkt entwickeln kannst, das auch nachhaltig bei Kunden und Firmen in Erinnerung bleibt.

Um dein eigenes Produkt zu generieren, gibt es die erste Möglichkeit des Wiederverkaufes. Das ist zwar die einfachste Lösung, aber du hast damit noch kein eigenes Produkt entwickelt, zumindest nicht direkt, weil du ein bestehendes Produkt nimmst, das es bereits auf dem Markt gibt, vom Großhändler und verkaufst es entweder in deinem eigenen Markt direkt weiter oder erweiterst es so, dass es einen Teil deiner Handschrift bekommt, und verkaufst es dann weiter.

Als Beispiel könnten wir hier den Textildruck nehmen. Vielleicht hast du einige tolle Ideen für einen Printdruck und möchtest diese gerne vermarkten. Dann kannst du die Textilien dafür vom Großhändler beziehen (z. B. Taschen, Caps, Shirts etc.) und musst dich dann nur noch um die Bedruckung mit Maschinen kümmern.

Die Ideen für die Motive musst du natürlich selbst generieren; es sei an dieser Stelle auch gesagt, dass es natürlich einen Schutz für bestehende Marken gibt, die deinen Designs natürlich nicht ähneln sollten. Somit gestaltest du dein eigenes Produkt aus einem bestehenden weiter und setzt dein eigenes Design und deine eigene Marke um.

Du solltest dir dabei immer wieder die Frage stellen, wofür deine Marke eigentlich steht und welche Zielgruppe du damit ansprechen möchtest. Die Herausforderung bei dieser Methode ist leider der starke Preiskampf. Deswegen ist es wichtig, die richtige Zielgruppe zu kennen und dieser auch direkt mit deinem Design anzusprechen. Leider gibt es, gerade in der Modebranche, viele Konkurrenten, die alle auf den großen Fisch warten und ihn ausnehmen wollen. Jeder möchte dein Produkt noch günstiger und günstiger anbieten und somit immer mehr Kunden gewinnen.

Aber frage dich an dieser Stelle ganz bewusst, ob dir nicht die Qualität wichtiger ist als die Quantität, da hierbei für dich auch am Ende noch etwas Gewinn übrig sein sollte. Informiere dich dazu genau beim Hersteller und beim

Großhändler und erkundige dich, welche Gewinnspanne das Produkt am Ende für dich bietet.

Auch deine Arbeitsleistung musst du hierbei berechnen, denn auch du benötigst ein Gehalt.

Ein weiterer Punkt, um ein eigenes Produkt zu generieren, ist die Lizenzierung. Alle großen Weltunternehmen tun es und vergeben Lizenzen. Damit verdienen sie auch eine Menge Geld. Gerade in der Musikszene ist die Lizenzierung sehr bekannt. Wenn du dir mal einen großen Konzern anschaust, dann verdient er sein Geld vielleicht mit seiner Dienstleistung. Aber den größten Gewinn machen sie mit der Vergabe von Lizenzen und Rechten für Unternehmen und Produzenten, wenn sie z. B. ihr Logo auf kommerzielle Artikel drucken zu dürfen. So machen das übrigens auch Bands.

Sie verdienen ihr Geld mit den Konzerten, haben ihre Lizenzen aber an Unternehmen verkauft, damit diese das Logo auf Fanartikel drucken und verkaufen dürfen. Als Erfinder bist du immer der Lizenzgeber und der Lizenznehmer darf die Produkte vertreiben.

Um hierbei aber gut und rechtlich abgesichert zu sein, ist es immer ratsam, einen Rechtsanwalt mit diesem Fachgebiet zu Rate zu ziehen.

Aber ein ganz eigenes Produkt zu entwickeln ist tatsächlich viel einfacher, als man im ersten Augenblick meinen mag.

Denn einen schöpferischen und künstlerischen Prozess in uns zu generieren ist nicht nur den Künstlern unter uns vorbehalten. Es gibt mehrere Möglichkeiten, um ein eigenes Produkt zu entwickeln.

Da gäbe es die erste Möglichkeit des Private Labeling. Hierbei nimmst du ein bereits bestehendes Produkt, und verleihst ihm, wie oben im Beispiel der Bedruckung von Textilien beschrieben, deine eigene Note.

Du nimmst also ein bestehendes Produkt, wandelst es leicht ab und verkaufst es dann unter deinem eigenen Namen an eine neue Zielgruppe weiter. Genau das tun auch Hausmarken und Discounter, wenn sie dir dasselbe Produkt unter einem anderen Namen oder Marke anbieten.

Die zweite Möglichkeit ist, dass du einen Geistesblitz bekommst. Vielleicht hast du eine ganz tolle Idee zu einem Produkt, das es bis jetzt noch nicht gibt.

Wenn dir dieser Geistesblitz bis jetzt noch nicht gekommen ist, dann kannst du beginnen, im Internet zu recherchieren und erste Informationen einzuholen. Auch verschiedene fachbezogene Messen sind hier gute Anlaufpunkte.

Auch die Herstellung eines Infoproduktes ist eine gute Möglichkeit, um dein eigenes innovatives Produkt zu generieren, da es meist wenig in der Herstellung kostet, es kaum zu kopieren ist und dabei noch eine gute Gewinnchance bringt.

Unter diese Infoprodukte fallen zum Beispiel alle medialen Lernprogramme, Selbstcoaching-Kurse, die du im Netz anbietest, oder jegliche Motivationsprogramme, die deine Kunden in eigener Regie durchführen können. Du kannst dein Wissen dazu auf eine DVD brennen, es als Hörbuch, Download oder als Ebook auf einer Homepage anbieten.

Themen finden sich viele im Netz oder auch bei der Recherche in der Bibliothek. Sicher gibt es auch bei dir ein Thema, für das du dich wahnsinnig interessierst und bei dem du dich zum Spezialisten machen möchtest. Denn diese Medien lassen sich gut anbieten und einfach vertreiben, ohne dass du dafür Lagerfläche oder etwas anzumieten brauchst.

Auch das Aufnehmen von Hörbüchern und Audioratgebern lässt sich mit wenig Aufwand und geringem Equipment von zu Hause aus umsetzen.

Schaue dazu einfach, was für ein Thema dich interessiert, schreibe alle wichtigen und relevanten Informationen zusammen, mache dich zum Experten und dann kann es mit der Umsetzung auch schon losgehen.

Aber es gibt auch noch ein paar Möglichkeiten, um die Kreativität zu bündeln und ein Produkt zu entwickeln. Denn wer suchet, der findet auch – schön gesagt, doch wie etwas so Abstraktes nun in eine Idee entwickeln?

Hast du dir schon mal ein bestehendes Problem genommen und dir dann verschiedene, kreative Lösungswege dazu überlegt?

Es gibt nämlich so unendlich viele Probleme, für die wir nur noch die richtige Idee brauchen, um den Geistesblitz umzusetzen. Manchmal stößt man auch ganz nebenbei im Alltag auf ein Problem und man versucht es zu lösen.

Wenn du dann für dich die Lösung gefunden hast, warum sollte sie nicht auf für andere Menschen sinnvoll und anwendbar sein? Die perfekte Marktlücke, um dein Produkt an den Mann bzw. an die Frau zu bringen.

Auch die Kopplung von zwei unterschiedlichen Produkten kann manchmal zu einer neuen Idee führen.

Vielleicht auch die innovative Idee, die Einrichtung mit ein paar kleinen Handgriffen schöner und moderner zu machen, indem man für die Toilettenbürste eine kleine Kipphalterung in die Wand einbaut, damit das unschöne Teil nach Gebrauch elegant in der Wand verschwindet. Und was auch sehr wichtig ist: die Entwicklung deiner Idee muss dem aktuellen Zeitgeist Rechnung tragen, denn nur was jetzt gerade gebraucht und auch gefragt ist, findet einen Absatzmarkt und wird nachgefragt.

Jeder Unternehmer hat am Anfang die Ideenfindung im Vordergrund. Doch das passiert leider nicht mal eben auf Knopfdruck. Eine gute Möglichkeit, die dir bei der Findung Unterstützung geben kann, ist, das bestehende Problem herauszunehmen und daran anzuknüpfen, um eine Lösung zu finden. Ein sehr kluger Mann sagte mal, dass jeder Fortschritt nur ein Produkt der menschlichen Faulheit sei. Warum haben die Menschen wohl auch das Rad erfunden?

Kurz gesagt, orientiere dich ein einem bestehenden Problem und schaue, welche Lösung dazu der Gesellschaft helfen könnte. Natürlich kommt es auch dabei ein wenig auf die Branche an, in der du dein neues Produkt einbringen möchtest.

Schaue dir auch unbedingt alle moralischen und gesellschaftlichen Ansprüche an, die zu deinem Problem und zu deiner bevorstehenden Lösung im Fokus stehen.

Vielleicht sind das Produkte, die uns im Kampf gegen bestimmte Krankheiten weiterbringen, Nahrungsmittel, die uns in unserem Tun unterstützen können, oder auch technische Geräte, die uns in unserem Alltag noch mehr helfen und vielleicht auch bei Beeinträchtigungen unterstützen können.

Du kannst bei der Suche nach einem neuen Produkt auch deinen Blickwinkel dahingehend richten, dass du bereits bestehende Lösungsansätze zu einem Problem untersuchst und sich dahingehend neue Problemfelder auftun. Ein kleines Beispiel wäre die Weiterentwicklung unserer jetzigen Kochgewohnheiten.

Früher wurden die Öfen mit Feuer beheizt, dann kamen Gas- und Elektroherde auf den Markt. Die neueste Technologie sind nun die Induktionsherde. Ein Meilenstein der Moderne, um das Kocherlebnis noch angenehmer zu machen.

Nur leider tut sich dort ein neues Problem auf, denn als Benutzer kann ich mich sehr leicht am Induktionsherd verbrennen. An dieser Stelle könnte die Technik weiterentwickelt werden und zur bestehenden, älteren Lösung gezielt auf die Mängel hin neue Ideen und Forschungen betrieben werden, um das Produkt noch bedienungs- und kundenfreundlicher zu gestalten.

Zusammengefasst lässt sich sagen, dass es ein sehr einfaches Mittel der Kreativitätstechnik ist, beide Seiten der Ideenfindung zu betrachten und immer wieder bei Produkten

Ausschau zu halten, ob es nicht noch Verbesserungen und Änderungen gibt, die das Ganze in allen Aspekten besser machen.

Hast du auch schon von dem Start-Up gehört, welches Kapseln entwickelt hat, in denen sich Milch und Zucker befinden?

Diese sind klein und praktisch anwendbar, um sie in den Kaffee zu tun. Eigentlich nichts Tolles und Spannendes, aber innovativ genug, damit der Hype in alle Büros gelangt. Denn die meisten Menschen trinken ihren Kaffee nun einmal mit Milch und Zucker.

Meist stehen in Meetings immer Kaffeekannen herum, kleine Schälchen mit extra verpackten Milchportionen und kleine Päckchen mit Zucker. Das Start-Up möchte nun den Müll vermeiden und hat diese kleine Kapsel mit allen Ingredienzien für den Kaffee zwischendurch konzipiert. Sie macht damit das Milchpäckchen-Öffnens einfacher und den Kaffeegenuss angenehmer.

Das Geheimnis dahinter: Das Unternehmen hat zwei Produkte genommen, die eigentlich gar nicht sonderlich viel miteinander zu tun haben, und hat diese zu einer ganz neuen Innovation zusammengefügt, um das Problem der Umweltbelastung zu lösen und die einfachere Handhabung zu erreichen.

Das Start-Up hat also wieder ein bestehendes Problem erkannt, es genommen und es weiterentwickelt. Aber ich bin mir sicher, dass diese kleine Kapsel noch bei weitem nicht das Endergebnis sein wird. Sicherlich lassen sich in diesem Punkt mit viel Kreativität noch neue Entwicklungen generieren. Und wer weiß, vielleicht essen wir bald schon nicht mehr Pommes, sondern schlürfen das Ganze wie einen Smoothie während des Fahrens aus der Autotür

Diese kleine, aber feine Erfindung zeigt uns nun mehr, dass es nicht immer die großen und bahnbrechenden Dinge sein müssen, die unser Leben verändern.

Manchmal liegt der Charme der Sache in der Einfachheit. Und gerade wenn wir uns die großen Industrien von Beauty, Mode und Fashion anschauen, werden doch die 2-in-1-Lösungen immer beliebter. Angefangen hat es mit einem

Shampoo und einer Spülung in einem und gerade gibt es den neuen Trend der Bodylotion mit Duschgel.

Was kommt da als Nächstes?

Diese kombinierten Ideen sind schon aus praktischen Gründen immer sehr gefragt, denn sie sparen oft Zeit und Geld, zwei Ressourcen, die uns um Leben mit am wichtigsten sind. Bedenke bei deiner Kreativität und Entwicklung: Der Mensch ist von Natur aus faul! Lege ihm also die Trauben direkt in den Mund.

„Früher war alles besser!" – das kann ich so nicht ganz unterschreiben. Früher war nicht alles besser, es war einfach anders. Wenn du nun deine Idee kreierst, solltest du darauf achten, dass sie auch zeitgemäß ist. Kein Blick zurück.

Denn was war, ist vergangen, und was morgen kommt, liegt noch in der Zukunft. Wir sind im Hier und Jetzt, und genau den Zeitgeist solltest mit deiner Produktgestaltung auch ansprechen, weil im heutigen Zeitalter ja auch keiner mehr darauf kommen würde, den Discman weiter zu entwickeln, wo doch alle nur noch auf digitale Medien setzen, dahin würde sich ein Absatzmarkt und eine Weiterentwicklung eher lohnen. Denn es sind weitere Technologien und

Produkte erfunden worden, die die menschliche Faulheit weiter unterstützen und uns den Konsum so angenehm wie nur möglich machen. Genauso steht es ja auch mit unserer Automobilbranche.

Die Pferdekutsche wurde weiterentwickelt zum Auto und nun sind wir fast in dem Zeitalter angekommen, in dem das Gefährt gar keinen Fahrer mehr benötigt, sondern autonom uns den Weg bereitet. Auf diese Weise stellst du sicher, dass sich dein Produkt bzw. dein Markt immer wieder am Kunden orientiert.

Eine sehr gute Übung, die ich oben schon unter dem Punkt des konvergenten Denkens beschrieben habe, ist es, viele Verwendungsmöglichkeiten für einen bestimmten Gegenstand zu generieren. Nimm dir dazu einfach irgendeinen gewöhnlichen Alltagsgegenstand, z. B. einen Bleistift, und entwickle daraus mindestens 20 völlig neue und kreative Verwendungsideen.

Diese Übung fördert nicht nur deine Kreativität, sondern bringt dich auch dazu, über die Verwendung und den Nutzen bestimmter Gegenstände nachzudenken. So entwickelst du vielleicht ein bestimmtes Produkt weiter oder dir fällt zu diesem Gegenstand ein Problem ein, welches du mit deiner Innovation schick und kreativ lösen könntest, um den Genuss und den Gebrauch für den Kunden angenehmer zu machen.

Was wir von den kreativsten Menschen der Welt lernen können

Kreative Menschen haben oftmals mehr Erfolg als andere. Und warum das so ist, möchte ich dir hier anhand einiger kleiner Beispiele erklären, weil auch du erfolgreich und kreativ sein kannst. Hast du dir auch schon mal Gedanken darüber gemacht, warum kreative Menschen so wahnsinnig erfolgreich sind, während du schon daran scheiterst, die Einladung zu deiner nächsten Party zu gestalten?

Kreative Menschen kennen sich selbst sehr gut und können deshalb viele Dinge im Alltag einfach anders angehen.

Dieses Phänomen hat der Neurowissenschaftler Andrew Tate herausgefunden und aus diesem Ergebnis einige Dinge herausgenommen, die kreative Menschen anders machen.

Kreative Menschen schaffen ihren eigenen Arbeitsablauf und behalten diesen auch bei. Sie verzichten dabei auf den üblichen, standardisierten Arbeitsalltag mit Zeiten von zum Beispiel 9:00 bis 17:00 Uhr.

Sie kennen ihre Hochleistungszeiten genau und passen diese ihrem Arbeitsalltag ganz konkret an, da sie nur zu den Tageszeiten arbeiten, an denen sie sich am besten und produktivsten fühlen.

Für manche sind dies die frühen Morgenstunden, für andere sind die späten Abendstunden. Denn wenn du kreativ und erfolgreich sein möchtest, musst du dich von deinem kreativen Fluss tragen lassen und ihn ausnutzen, wenn er dir von deinem Biorhythmus zur Verfügung gestellt wird.

Kreative Menschen erkennen auch ihre schlechten Leistungen an. Viele Menschen sind sehr gut darin, lediglich ihre herausragenden Leistungen zu sehen. Die schlechten Leistungen fallen unbemerkt unter den Tisch. Kreative Menschen hingegen bemerken auch, wenn sie eine schlechte oder unproduktive Arbeit haben.

Auch der ungeliebten Unkonzentriertheit kommen sie schnell auf die Schliche. Kreative Menschen wissen genau, wann sie lästige Aufgaben einfach verschieben oder sich durch äußere und innere Faktoren ablenken lassen.

Deshalb haben sie spezielle Rituale und Routinen, um am Ball zu bleiben und routiniert zu sein. Auch die Terminierung von Abgaben hilft kreativen Menschen sehr dabei, ihre Leistung zu optimieren.

Immer wieder etwas Neues auszuprobieren und zu wagen, dafür stehen kreative Menschen. Sie möchten immer wieder neue Erfahrungen machen und vieles ausprobieren.

Die reine Kreativität ist nämlich nicht auf einen einzelnen Bereich konzentriert, wie ich es oben schon einige Male gesagt habe.

Kreativität äußert sich in vielen Bereichen, und diese gilt es durch deine Interessen herauszufinden. Denn auch gerade unsere prominenten Denker und Dichter hatten vielseitige Passionen. Wusstest du, dass Albert Einstein ein wunderbarer Geiger war?

Kreative Menschen haben oft ein Problem damit, sich an Regeln zu halten, wenn ihnen der Sinn des Ganzen nicht plausibel erscheint. Deswegen solltest du dich damit beschäftigen, herauszufinden, was du nicht magst.

Denn kreative Menschen versuchen oft, Regeln zu umgehen oder sie sogar komplett zu ignorieren. Versuche doch einmal, über die Stränge zu schlagen.

Kreative Menschen nehmen Risiken in Kauf und können auch scheitern. Denn sie sind in der Lage, mit Misserfolgen umgehen zu können und eine Essenz aus ihren Fehlern zu ziehen.

Die Risiken, die sie eingehen, nehmen sie bewusst in Kauf und haben somit die Möglichkeit, viele verschiedene Dinge auszuprobieren. Sie wissen, dass früher oder später für sie der richtige Weg dabei sein wird. Durch die mentale Stabilität lassen sich kreative Menschen nicht entmutigen, sondern sie sehen jeden Stein auf ihrem Weg als kleine Herausforderung, den richtigen Weg zu finden.

Tagträume sind etwas, dem sich kreative Menschen gerne hingeben. Sie machen sich damit ganz bewusst von Zeit zu Zeit von all dem gesteuerten Denken frei und hängen einfach nur ihren Gedanken nach. Ein wenig vergleichbar ist dieses Konstrukt auch mit der Meditation.

Während dieser Zeit können sie ihre Energiespeicher wieder auftanken und ihrem Gehirn eine Auszeit gönnen. Nun haben die kreativen Fähigkeiten ihren Platz und können das Gedächtnis verbessern.

Kreative Menschen saugen die Umwelt in sich auf, denn wenn sie nicht gerade Tagträumen nachhängen oder konzentriert am Arbeiten sind, beobachten sie ganz bewusst ihre Umwelt. Sie nehmen alles mit ihren Sinnen war.

Damit können sie ihren Horizont erweitern. Kreative Menschen praktizieren damit meist auch ganz unbewusst einen achtsamen Umgang mit sich selbst und der Umwelt, weil sie aufnehmen, ohne zu bewerten.

Kreative Menschen vertrauen sich und der Welt. Oft werden bestimmte Ideen und Phasen von kreativen Menschen leider abgelehnt.

Doch sie lassen sich dadurch nicht beeinflussen, sondern Vertrauen ihrer eigenen Kreativität und ihren Fähigkeiten, richtig zu liegen.

Das gibt ihnen die Fähigkeit, mit Kritik und negativen Reaktionen besser umgehen zu können als andere Menschen.

Sie scheuen sich nicht, Fragen zu stellen, da kreative Menschen ihre Grenzen ganz genau kennen. Ein kreativer Mensch scheut sich nicht davor, um Hilfe zu bitten, wenn er herausfindet, dass ein anderer etwas besser kann als er selbst.

Diese wunderbare Gabe zeigt sich auch bei großen Köpfen wie zum Beispiel Bill Gates oder Steve Jobs. Auch sie haben ganz konkrete Hilfe gesucht und um die Umsetzung ihrer visionären Ideen gebeten.

Kreative Menschen verfolgen ihre eigenen Träume, weil sie sich nicht damit aufhalten, einer Arbeit nachzugehen, die sie nicht wirklich 100-prozentig interessiert. Sie konzentrieren sich auf das, was ihnen die Passion gibt, was sie wirklich interessiert und was ihre Leidenschaft weckt.

Diese Passion zu leben erfüllt sie meist mehr, als wenn sie eine normale Tätigkeit zu gewohnten Arbeitszeiten nachgehen müssten. Denn oft arbeiten kreative Menschen auch mehr als nur die gewöhnliche 40-Stunden-Woche. Das können sie nur generieren, indem sie etwas mit Leidenschaft und Inbrunst tun.

Die 10 nützlichsten Kreativtechniken aus Forschung und Praxis

Die 635-Methode

Diese bekannte Methode wurde im Jahre 1968 vom Professor Bernd Rohbach entwickelt und als Kreativitätstechnik zur Ideenfindung vorgestellt. Diese Kreativitätstechnik gehört zur Gruppe der Brainwriting Methoden. Der Clou ist hierbei, dass Ideen sehr schnell entwickelt werden können. Diese Methode kann auch gut im Problemlösungsprozess des Design Thinkings verwendet werden.

In diesem fundamentalen Ansatz können komplexe Probleme gelöst werden. Die 635-Methode funktioniert auch sehr gut spontan und mit noch unerfahrenen Teilnehmern. Mit der Methode können neue und ungewöhnliche Ideen in einer Gruppe von Menschen erzeugt werden und in das Problemlösungsverfahren integriert werden. Innerhalb kürzester Zeit entstehen mit der 635 Methode maximal 108 Ideen. Denn sechs Teilnehmer mal drei Ideen mal sechs Reihen.

Diese Kreativitätstechnik ist gut anzuwenden, um Ideen auf einer konkret bestehenden Basis oder Fragestellung zu finden. Die Herausforderung sollte dabei eine einfache bis mittlere Komplexität haben. Ebenso ist diese Methode von 635 auch gut geeignet, um die schon bestehenden Ideen noch weiterzuentwickeln.

Im ersten Schritt erhält jeder Teilnehmer ein Arbeitsblatt. Hierauf befinden sich die konkrete Fragestellung sowie verschiedene Felder zur Ideenfindung. Insgesamt hat das Arbeitsblatt also sechs Zeilen und drei Spalten. Der Aufbau dieses Arbeitsblatt eignet sich sehr gut im DIN-A3-Format.

Im zweiten Schritt wird nun von den anwesenden Teilnehmern eine Zeitspanne für die Weitergabe der Arbeitsblätter festgelegt. Diese können zwischen drei und fünf Minuten variieren. Sie sollte auf jedem Fall dem Schwierigkeitsgrad der Fragestellung angepasst sein.

Das aus sechs Personen bestehende Team erfasst nun drei Ideen und trägt diese in die aufgeteilten Felder in der ersten Zeile ein.

Ist die vorgegebene Zeit abgelaufen, wird das Arbeitsblatt im Uhrzeigersinn an den nächsten Nachbarn weitergereicht.

Jedes der Teammitglieder soll daraufhin versuchen, die bereits genannten Ideen wieder aufzugreifen, zu ergänzen und weiterzuentwickeln. Seine drei Ergänzungen trägt er nun in die nächste freie Zeile darunter ein.

Dieser Zyklus der Weitergabe wird so lange wiederholt, bis die letzte Zeile des Arbeitsblattes gefüllt ist.

Der Name der Methode setzt sich ganz einfach aus den sechs optimalen Teilnehmern zusammen, die je drei erste Ideen produzieren und dann das Blatt fünfmal weiterentwickeln können.

Mind-Mapping

Beim Mind- Mapping handelt es sich ebenfalls um eine Kreativtechnik, die sich sowohl alleine als auch in der Gruppe durchführen lässt. Sie gehört zur Gruppe der Visualisierungstechniken, bietet also damit eine Möglichkeit, die Sachverhalte sichtbar zu machen. Die Grenzen hierbei liegen aber völlig offen. Mind-Mapping ist auch eine effiziente und universelle Möglichkeit, Notizen oder Aufgabenverhalte besser zu lernen, und unterstützt die Funktion des Gehirns damit optimal. Sehr viele kreative und kluge Menschen benutzen diese Methode des Mind-Mappings, um ihre Gedanken zu sortieren und sich zu strukturieren.

Denn herkömmliche Notizen oder Diagramme fordern nur unsere linke Hälfte des Gehirns. Diese Hälfte ist allerdings nur für das analytische Denken verantwortlich – hier werden alle Prozesse wie Sprache, Logik und Zahlen geordnet und linear verarbeitet.

Die rechte Gehirnhälfte beinhaltet allerdings den kreativen Teil und das bildhafte Denken und Vorstellen. Hier können Farben, Musik, Muster und Formen verarbeitet werden.

Beim Gestalten einer Mind-Map wird sowohl die linke als auch die rechte Gehirnhälfte beim Denken und Gestalten miteinbezogen. Das ermöglicht eine größtmögliche Ausschöpfung des Potenzials.

Mind-Maps sind im Gegensatz zu normalen Notizen und Kritzeleien weitaus effektiver, weil sie eine gewisse Flexibilität bieten, die wir sonst nicht bekommen können. Sie regen unsere Kreativität an, denn unser menschliches Gehirn ist so aufgebaut, dass es immer wieder versucht, ein Bild zu vervollständigen.

Die Vorgehensweise des Mind-Mappings ist im ersten Schritt, dass das Kernthema in der Mitte aufgeschrieben wird. Da wir nun bunt drum herum arbeiten, solltest du für dein Blatt schon ein Format ab DIN A3 aufwärts gewählt haben. Das Kernthema deiner Ideenfindung solltest du großschreiben, denn hierbei handelt es sich um den Hauptteil. Farbe darf natürlich auch gerne angewandt werden, wir wollen ja ein buntes Bild generieren und damit die Arbeit beider Gehirnhälften verknüpfen.

Nun beginnst du, weitere Schlüsselworte zu dem Thema außen herum zu schreiben. Du kannst sie völlig frei anordnen und dann mit Ästen mit deinem Hauptthema verknüpfen. Lasse deiner Fantasie hierbei freien Lauf. Es gibt kein Richtig oder Falsch. Auch die Reihenfolge spielt keine Rolle. Du kannst deine Farben nutzen und gerne einige Bilder gestalten. Farbliche Unterteilungen und Markierungen sind auch oft hilfreich.

Die Schlüsselwörter, die du nun mit Hauptästen um dein Kernthema herum platziert hast, können nun von dir weiter ausgefüllt werden. Setze immer weitere Unterpunkte mit kleinen Ästen. Deinen Gestaltungsmöglichkeiten sind hierbei keine Grenzen gesetzt. Du kannst deiner Fantasie freien Lauf lassen und einfach gestalten.

Das entstandene Resultat ist nun eine bildhafte Darstellung deiner Gedanken, ähnlich wie eine Landkarte. Hieraus kannst du nicht nur deine Gedanken selbst, sondern auch die Beziehungen zwischen deinen verschiedenen Gedanken und die Prioritäten in deiner Mind-Map ablesen.

Zudem hat die Mind-Map den großen Vorteil, dass du immer wieder Schlüsselworte hinzufügen kannst und die Untergruppierungen erweitern kannst. Setze dich beim

Gestalten nicht unter Druck, denn das Ergebnis muss kein Kunstwerk sein. Das Ziel ist es einfach nur dein Gehirn zu unterstützen. Mit der Zeit wirst du auch deinen eigenen Stil von Mind-Maps entwickeln können, der sich wahrscheinlich vom Gestaltungsstil anderer unterscheidet. Es wurden auch schon Computerprogramme generiert, die Mind-Maps erstellen können. Allerdings rate ich davon ab, weil das mit der Hand geschriebene Wort immer noch besser im Gehirn mehr verankert ist als das, was wir am PC geschrieben haben.

Brainstorming

Das Brainstorming zählt wohl mit zu den Klassikern der Kreativtechniken und ist damit auch eine der beliebtesten. Das Brainstorming hat seinen Ursprung bei Alex Osborn und wurde von Charles Hutchison Clark weiterentwickelt zur Methode der Ideenfindung. Es soll Menschen in einer Gruppe dazu anregen, neue und ungewöhnliche Ideen zu finden.

Der Name der Methode setzt sich nach der eigentlichen Aufgabe zusammen: „Use the brain to storm a problem" (Nutze dein Gehirn zum Sturm auf ein Problem).

Das Brainstorming kann in sehr vielfältigen und unterschiedlichen Situationen verwendet werden. Zum Beispiel eignet es sich gut, um in die Ideenfindung eines Problems einzusteigen, zur Ideenfindung in der Werbung, zur Produktentwicklung, aber auch, um Wege aus ausweglosen und festgefahrenen Kreativtreffen zu finden. Es bildet also den Grundstein für nachfolgende, weitere Techniken.

Das Brainstorming sollte bei Fragestellungen und Lösungen einfacher Komplexitäten verwendet werden. Somit ist es auch gut kombinierbar mit anderen Methoden.

Den Teilnehmern wird die Fragestellung offeriert. Dabei können auch eine Vertiefung mit Anschauungsmaterialien geschehen und der erwartete Verlauf kommuniziert werden.

Dann nennen alle Teilnehmer ganz spontan ihre Ideen zum Finden der Lösung. Dabei können sie sich gegenseitig mit ihren Ideen und Ansätzen inspirieren und unter Einbezug neuer Gesichtspunkte Ideen und Ansätze generieren.

Alle Ideen werden mitprotokolliert. Neben dem eigentlichen Ablauf, gibt es auch noch wichtige Regeln, die unter allen Teilnehmern unbedingt eingehalten werden müssen. Denn nur so kann der Prozess zum Erfolg führen.

Wichtig ist auch, dass dein Brainstorming keine Diskussionsrunde ist, weil Brainstorming, das nur nach Anleitung geführt wird, nicht funktioniert. Das ist leider auch der Grund, warum viele Menschen das Brainstorming nach dem ersten Versuch gleich wieder fallen lassen.

Es ist eben weitaus mehr, die Methode nicht nur kognitiv begriffen zu haben. Die Ideenfindung mit dem Brainstorming funktioniert in einem Team nur dann, wenn auch eine entsprechende Kultur und ein Betriebsklima vorherrschen.

Diese Kultur sollte in jedem Unternehmen geführt werden, sie ist die Grundlage, ein gemeinsames und offenes kreatives Miteinander zu schaffen. Eine Studie der Universität Utrecht hat gezeigt, dass Gruppen bis zu 50 % effektiver mit ihren Ideen waren, wenn jeder von Ihnen einzeln kreativ und konzentriert nachdachte.

Es geht also um den gruppendynamischen Prozess, der diese Art und Weise des Brainstormings hervorhebt. Denn nur in der Gruppe ist man stark. Dazu gehört, dass Ängste, Blamage, Hierarchien und Konkurrenzdenken von der Führungsebene minimiert werden. Gefördert werden sollte, dass jeder das sagen darf, was ihm auch in den Sinn kommt. Wenn der Kollege gerade spricht, ist man selber damit beschäftigt, eine Idee zu finden, sie sich für später zu merken, den Gedanken des Kollegen weiter zu denken und damit frei zu sein, um das Brainstorming weiter zu befeuern. Wenn du das Brainstorming als Methode zur Ideenentwicklung nutzt, solltest du auch damit am Ball bleiben.

Denn Übung macht den Meister. Wenn das Brainstorming im Team durchgeführt wird, sollte die Gruppe aus 6 bis 12

Teilnehmern bestehen, um das gesamte kreative Potenzial zu maximieren und am effektivsten zu sein.

Kernfragen nach dem was, wie, warum, wer, wo und wann sind immer lohnenswert mal anzuschauen. Am Ende des Brainstormings sollten die Ergebnisse noch einmal kurz und prägnant vom Moderator zusammengefasst werden. Somit erhalten auch die Teilnehmer noch einmal eine Übersicht ihres geleisteten Potenzials.

AAR-Methode

AAR Rückblick bedeutet After Action Review. Sinnbildlich gemeint ist hier, dass du nicht nach den Fehlern suchst, sondern verstehst, was war und dass es weitergeht, das ist der Grundgedanke dieser speziellen Kreativtechnik.

Dieser Rückblick kann einen Sog der Weiterentwicklung und der Verbesserung entstehen lassen. Wichtige Werte wie Toleranz, Vertrauen und Offenheit können damit im Team gefördert werden.

Die Methode bietet den geschulten Rückblick auf ein Problem, dessen Lösung und Umsetzung. Die Teilnehmer sollen hierbei die Fehler, die Erfolgsfaktoren und das weitere Potenzial erkunden und es dem übrigen Team eröffnen können.

Damit können Stärken ausgebaut werden und offensichtliche Schwächen abgebaut werden. In vielen größeren und kleineren Unternehmen gehört die Methode des AAR Rückblicks schon zum Tagesgeschehen dazu. Dabei sollte dieser Rückblick in jedem Unternehmen fester Bestandteil sein und auf dem Weg zur Problemlösung dazugehören.

Denn dank der Probleme und deren Handhabung kann jeder lernen, seiner Feinheit zu justieren und immer wieder Optimierungen vorzunehmen. Sehr gut geeignet ist die Methode für alle, die zum Innovationen-Typen gehören.

Die Teilnehmer können hierbei den gesamten Verlauf einer Problemerarbeitungsstrecke vom Resultat bis zum finalen Audit wieder zurückverfolgen und noch einmal Revue passieren lassen.

Sie verstehen die Gründe und können feststellen, was sich während des Prozesses bewährt hat und was noch ein paar kleine Anpassungen und Änderungen benötigt.

Jeder der Teilnehmer sollte eine große Offenheit dem Thema gegenüber mitbringen. Denn es soll hier keinem die Schuld in die Schuhe geschoben werden, weil etwas nicht geklappt hat. Im Gegenteil.

Alle Erkenntnisse sollen von jedem Einzelnen zusammengetragen werden und im Rückblick als Großes und Ganzes im Kollegenkreis geteilt und erweitert werden.

Je nach Team und Strecke kann dieser Rückblick mit einer variablen Anzahl von Teilnehmern geführt werden, aber auch mit einer variablen Dauer, die je nach Projektzeit angelegt werden sollte.

Es können nur zwei Mitarbeiter diesen Rückblick führen, es kann aber auch ein gesamtes Team diesen Rückblick führen und sich dazu einen ganzen Tagungstag blocken. Wichtig ist, dass die richtigen Leute an diesem Rückblick teilnehmen und dass der ausgewählte Moderator für ein gutes Klima sorgt. Ganz klar sollte auch der Fokus gut formuliert sein und im Vordergrund stehen. Was genau soll erreicht werden? Dann geht es an die Bearbeitung der Kernfragen.

Was ist passiert? Was war im Ablauf reibungslos? Wo gibt es Punkte, die einer Verbesserung und Änderung bedürfen?

Am Ende sollte ganz klar die Essenz des Ganzen stehen, die Essenz für die nächsten Projekte. Jeder Teilnehmer sollte sich bei diesem Rückblick angenommen und verstanden fühlen. Das ist die Grundlage für ein gutes und harmonisches Miteinander, um Projekte zu bearbeiten. Abschließend steht die Dokumentation des Rückblicks an.

Es hat sich gezeigt, dass es sinnvoll sein kann, wenn sich der Moderator während des Rückblicks dabei schon Notizen macht. So ist es für ihn hinterher einfacher, die Kernkompetenzen herauszufiltern.

Reizworttechnik

Bei der Reichworttechnik geht es darum, dass verschiedene Begrifflichkeiten miteinander verbunden werden, die augenscheinlich gar keine Berührungspunkte mitelnander haben. Hierbei wird mit Reizwörtern oder Reizbildern gearbeitet, die zufällig ausgesucht werden.

Die einfache, aber doch effektive Kreativmethode fördert den kreativen Denkprozess und die Ideenfindung. Dabei geht es nicht um eine konkrete Problemstellung oder das Lösen einer Aufgabe. Vielmehr geht es um den Lerneffekt, Dinge aus einer anderen Perspektive heraus betrachten zu können. Anwendung findet die Methode beispielsweise in der Werbebranche oder auf der Suche nach neuen Produktnamen.

Auch bei Anwendungsfeldern oder produktbezogenen Kundengruppierungen kann diese Methode verwendet werden.

Im ersten Schritt wird die Aufgabenstellung sichtbar für alle aufgeschrieben. Dann schlägst du das Lexikon auf und wählst von der Seite einen beliebigen Begriff aus. Tragt nun alle Eigenschaften, die euch zu diesem Wort einfallen, zusammen. Das muss ganz spontan entstehen. Es muss auch nichts mit der eigentlichen Fragestellung zu tun haben. Nun werden die Eigenschaften auf das eigentliche Kernproblem übertragen und verbunden.

ABC-Methode

Diese Kreativtechnik wird meist in der Evaluierungsphase einer Idee verwendet. Leider wird diese Methode immer noch sehr unterschätzt. Dabei können die Diskussionen und Bewertungen von Ideen in großen Teams sehr sinnvoll sein.

Die ABC-Methode kann als Feedback genutzt werden, aber auch zur spontanen Anmerkung bei Problemen oder zur Verbalisierung von Erfahrungen. Im ersten Schritt erhält jeder Teilnehmer ein Arbeitsblatt mit den aufgelisteten Buchstaben des Alphabets in vertikaler Richtung.

Daneben befindet sich in der waagerechten genug Platz zum Vermerk von Ideen. Die jeweiligen Buchstaben sollen einen Impuls geben, um die gefundene Anmerkung mit den jeweiligen Anfangsbuchstaben entsprechend zu kategorisieren. Ähnliche Ansätze sind vielleicht auch aus dem Spiel „Stadt-Land-Fluss“ bekannt.

Nach der Schreib- und Findungsphase stellen die Teilnehmer ihre Ergebnisse vor. Der Moderator nutzt die Vortragszeit immer wieder, um sich selbst Notizen zu machen und um hinterher Stellung zu dem Genannten zu nehmen.

Am Ende werden die wichtigsten Informationen zusammengefasst und den Teilnehmern gespiegelt, um diese als Grundlage für weitere Diskussionen zu nutzen.

Galeriemethode

Diese Kreativitätstechnik gehört zu den bewegten Techniken und unterstützt den Lösungsprozess bei Problemen.

Sie kann eine Kombination aus Einzel- und Gruppenarbeit darstellen. Die Ergebnisse der Teilnehmer werden dabei im Verlauf der Methode nebeneinander wie eine Galerie aufgehängt.

Da immer wieder neue Ideen eingefügt oder Kompromisse geschlossen werden, können hierbei alle Teilnehmer auch unterschiedliche Wissensstände haben. Deshalb empfiehlt sich diese Methode bei solchen Ausgangspositionen besonders.

Im ersten Schritt wird das Problem bzw. die Aufgabenstellung vom Teamleiter präsentiert. Dann skizziert jeder Teilnehmer seine eigene und vorurteilsfreie Lösung auf ein Blatt Papier.

Diese Einzelvorschläge werden dann an Pinnwänden als Art Galerie zusammengefügt und für jeden sichtbar dargestellt.

Im Team wird nun über die Ideen diskutiert, aussortiert und hinzugefügt. Der Moderator fungiert hier an dieser Stelle auch als Leiter und gesprächsführende Person. Zum Schluss werden noch einmal alle übrigen Ideen von der Gruppe gesichtet und die praktikabelsten Lösungen ausgewählt.

KJ-Methode

Diese Kreativmethode wurde von einem japanischen Anthropologen entwickelt und als Pinnwandmoderation eingeführt. Ähnlich dem Brainstorming werden hier im ersten Schritt möglichst viele Informationen auf Kärtchen gesammelt. Die Gruppengröße sollte dementsprechend gewählt werden, so dass sich eine Vielzahl an breitem Wissen und Hintergründen zeigen kann.

Der Moderator liest die eingesammelten Kärtchen laut vor und gruppiert sie nach Themengebieten. Dabei bekommt jedes Themengebiet wieder eine einzelne Karte, während Karten ohne Themengebiet in eine höhere Kategorie geordnet werden. Dieser Vorgang wird in der Gruppe immer wiederholt, bis sich die Anzahl der Gruppen auf 10 reduziert hat. Dann werden die Kärtchen an einer Pinnwand befestigt und in der Übersicht der Sachverhalte untersucht.

Auch Zeichen wie Pfeile oder Ringe können hierbei hilfreich sein, um die Untergruppierungen klar zu definieren. Das dadurch entstandene Bild wird vom Moderator schriftlich fixiert und in einer möglichst neutralen Form noch einmal zusammengefasst. Hinterher bekommt jeder Teilnehmer das Ergebnis schriftlich ausgehändigt.

Damit ist diese Methode auch gut geeignet, um logische Zusammenhänge bei Problemen oder Prozessen darzustellen.

Bisoziation

Während dieses kreativen Vorgangs werden Begriffe, Bilder und Vorstellungen aus den unterschiedlichsten Bezügen und Rahmen miteinander verknüpft. Die Bezeichnung des Begriffs lehnt sich an die Assoziation an. Damit gemeint ist das Durchbrechen von geistigen Routinen, die uns meist im kreativen Prozess einschränken.

Während wir bei der Assoziation nur gedankliche Verknüpfungen auf einer Ebene generieren, werden bei der Bisoziation Begriffe aus zwei verschiedenen Ebenen verbunden.

Gerade in der Humorforschung konzentriert man sich darauf, dass Humor und Komik erst dann entstehen, wenn unterschiedliche Ebenen und Welten aufeinanderprallen.

In der Kreativitätstechnik betrachtet eine Gruppe aus Teilnehmern im ersten Schritt fünf verschiedene Bilder. Diese Bilder haben mit der eigentlichen Problemdarstellung gar nichts zu tun. Beispielsweise können diese Bilder Kunstwerke eines bestimmten Malers oder Künstlers sein. Im zweiten Schritt beginnt dann jeder Teilnehmer, die genannte

Fragestellung aufzugreifen und mit den verschiedenen Aspekten und Ausschnitten der Bilder zu assoziieren.

Der Moderator der Gruppe schreibt die entstandenen Ideen auf. Im Anschluss können diese Ideen von der Gruppe diskutiert und in der Anwendbarkeit überprüft werden.

Negativkonferenz

Diese Kreativitätstechnik eignet sich zur intuitiven Ideenfindung. Sie bildet dabei das klassische Umkehrbild des Brainstormings. Denn die Teilnehmer suchen nicht konkret nach einer Lösung für ein Problem, sondern generieren das Problem vorerst selbst.

Dabei suchen sie bestimmte Sachverhalte aus und nennen die bestehenden und möglichen Fehler, die Schwachstellen, zeigen Störungen auf und formulieren sämtliche Kritikpunkte am Produkt selbst oder an sämtlichen Vorgehensweißen die mit dem Sachverhalt in gröbster Weiße zu tun haben.

Dabei sammeln sie die negativen Merkmale und heben diese deutlich hervor, um auch neue Probleme und Schwierigkeiten zu finden.

Das Ergebnis sind nun verschiedene negative Szenarien, die als Grundlage von den Teilnehmern genutzt werden können, welche nun ohne weitere Schritte die Ideenfindung mit neuen Lösungen erarbeiten können.

Die weiteren Herangehensweisen können nun ein Brainstorming oder andere Kreativtechniken sein. Diese Methode kann auch sehr gut angewandt werden, um Alleinstellungsmerkmale herauszuarbeiten.

Gehirntraining, um auch im Alter kreativ und geistig fit zu bleiben

Gerade im Alter lässt die Merk- und Gedächtnisfähigkeit leider nach. Das ist auch ein Grund, warum man Kreativität einbüßt. Es fällt im Alter immer schwerer sich an bestimmte Dinge zu erinnern und im schlimmeren Verlauf der Symptome beginnt irgendwann das Krankheitsbild der Demenz. Das liegt daran, dass die Neuronen im Gehirn nach vielen Jahren des guten Dienstes immer ineffektiver werden und irgendwann sogar sterben.

Um das Gedächtnis zu trainieren und auch die Kreativität wieder zu fördern, eignen sich einfache Übungen, um die Merkfähigkeit und die Konzentration zu trainieren. Übungen, die die Bereiche von Logik, Merkvermögen, Sprache und Rechenfähigkeit trainieren, sind hier wunderbar, um auch lange fit und kreativ zu bleiben. Viele Übungen sind sehr einfach umzusetzen und leicht in den Alltag zu integrieren, als Beispiel könnte man hier die Finger Self-Massage anführen, wobei man wie der Name schon sagt eine Art von Handbewegungen ausführt. Dies wiederum verbesserst die Synapsen Verbindungen und die dadurch ausströmenden

Neuronen trainieren wiederum dein Gehirn. Du fühlst dich fitter und dein Wohlbefinden steigt. Sämtliche Übungen und Vorgehensweisen würden den Umfang dieses Buches sprengen, im Internet findet man aber unzählige Anleitungen und Videos zu dieser Möglichkeit und diesem Thema.

Natürlich ist es auch für Senioren ratsam, neben dem täglichen Gehirnjogging die in den vorigen Kapiteln genannten Kreativaufgaben zu bestreiten und somit das Gehirn auf Trab zu halten. Denn wer rastet, der rostet. Das Gehirn ist ein Muskel, und der will nun einmal trainiert werden, sonst erschlafft er.

Wenn du lieber Leser es bis hierhin geschafft hast, dann steht deiner Kreativität nichts mehr im Wege, egal ob im Job, im Alltag oder im Sport. Ich wünsche dir viel Spaß beim umsetzen der Themen aus diesem Buch und den Weg in dein neues kreativeres Leben.

Deine Johanna!

<u>Biohacking</u>

-

Mehr Erfolg durch Selbstoptimierung: Schritt für Schritt zum sportlichen und privaten Erfolg

An alle Sportler und Selbstoptimierer, so werden Sie in kurzer Zeit zum Biohacker!

ISBN: 1074803345

Luzides Träumen

-

Klarträume bewusst herbeirufen: steuere deine Träume, überwinde Albträume und Ängste

Erlebe was du willst, nutze die Macht des luziden Träumens!

ISBN: 1081178000

1. Auflage

Kontakt: Michael Stoiber / Otterbachstr. 33 / 85301 Schweitenkirchen

Fotos: depositphotos.com

Printed in Poland
by Amazon Fulfillment
Poland Sp. z o.o., Wrocław

32706634R00061